Anna Engel

Cherry

Gedichtband

Impressum

Bibliografische Information der Deutschen Nationalbibliothek: Die Deutsche Nationalbibliothek verzeichnet diese Publikation in der Deutschen Nationalbibliografe; detaillierte bibliografsche Daten sind im Internet uber http://dnb.dnb.de abrufbar.

© 2022 Anna Engel

Herstellung und Verlag: BoD – Books on Demand, Norderstedt

ISBN: 9783756859191

Für Cherry.

Weil ich Dich liebe.

Ein er(n)stes Mal

Sag' mir:
Warum kicken die Dinge immer nur
beim ersten Mal?

Das Baby

Gerade erst geboren,
im Bettchen ist mein Platz

Ich schreie vor mich hin,
bis die Hauptschlagader platzt

Alter

Zähne fehlen
Dir schon drei
Die besten Jahre
Sind vorbei
Alt, verbittert
Stets vermissend
Du bist unfrei
Und nicht wissend

Alt sein

Alt sein
Bald rein
In den Graben
Dem Leben nicht mehr zu sagen
Ein Hoch auf die Sitten
Und im Mund schon die dritten

Der Greis

Ein alter Greis, schon ganz senil,
Ihm wird vieles viel zu viel;
Sein Bein hinkt und die Hand zittert;
Vom Leben war er nun verbittert;
Schneller war er auch nicht mehr;
Aus dem Bett kriechen fiel schwer;
Die Augen müde, sein Kinn bebt;
Das Kind fragt: „Sicher, dass er noch lebt?!"

Anna

Was hast Du jetzt schon wieder gemacht
Wie immer nichts dabei gedacht
Du hast viel zu viel geschrieben
Und über Dinge nicht geschwiegen
Obwohl Du schon längst brennst
Und Dich wunderst, wenn Du flennst
Dein Gewissen hat dauernd Auszeit
Von mir aus bist Du ständig breit
Nein, alles cool. Kein Problem.
Anna, ich will nicht an Deiner Stelle steh'n

Die fettige Anna

Hallo, ich heiße Anna
und ich esse gern Manner
und im Morgenrot
brauch' ich mein Frühstücksbrot.

Bin manchmal etwas kompliziert,
so gar nicht einfach strukturiert.
Mittags futter ich dann fettige Fritten;
Haare schon wieder zu kurz geschnitten;

Auf der Nase drei diagonale Pickel;
Ich hab' Fieber und brauch' 'n Wadenwickel.

Ich

Vielleicht bin ich gar nicht langweilig
oder uninteressant

Denn wenn man genau hinsieht
wird's ganz schön brenzlig und pikant

Vielleicht bin ich ja interessant
Mal zu ernst; Mal auch amüsant

Ich bin anders als als man meint,
denn nichts ist so, wie's scheint

Die Unausstehliche

Man braucht nicht lange, ehe man sieht,
dass bei mir etwas im Argen liegt

Ob ein paar Promille oder mehr:
Umgang mit Menschen fällt mir schwer

Alles, was ich kann, ist schreiben und laufen
War noch nie so gut beim Kleiderkaufen

Schokolade essen, bis ich fast platze;
Der Teufel zeigt eine unschöne Fratze

Alles, was ich kann, ist laufen und schreiben
Werde deswegen für immer so bleiben

Gute Texte fallen mir nicht ein.
Ich würde lachen, doch ich lass' es sein.

Angenehm

Ich war nicht angenehm.
Doch ich bin mir selbst treu geblieben.

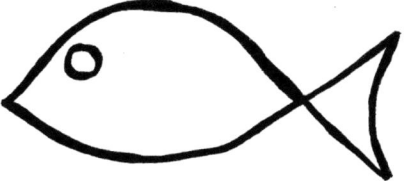

Berührt

Ich war nicht freundlich.
Ich war nicht nett.
Aber ich habe
Menschen berührt.

Turner

Keine Kinder? Phänomenal.
Ein bisschen kleiner? Scheißegal.
Mein Leben ist nicht mehr schwer;
Nicht auszudenken wer ich ohne Turner wär'.

Breitmaulfrosch

Bin ein Redet-viel.
Ein Sagt-aber-nichts.

Bin ein Plappermäulchen.
Eine Plaudertasche.

Bin eine Klatschtante.

Bin ein Wäscht-viel.
Ein Säubert-aber-nicht.

Bin ein Zerstört-aber-nichts.
Ein Oder-etwa-doch?

Wär' gern

Wär' gern leichter als Leichtathletik,
bin aber schwerer als Schwertransport.

Du kennst mich süßer als Süßholz,
doch ich tu nur so.

Ich tu, als sei ich härter als Hartglas
und cooler als 'n Cool-Pack.

Mein Hirn

Mein Kopf hat zu viele Dinge bedacht.
Er ist schon ganz groß.

Mein Hirn ist benutzt und überstrapaziert.
Es ist bereits porös.

Hommage

Unbeirrt schlägt es weiter,
als sei es gar nicht schwer

Dabei gab es schon so viele Fallen,
derentwegen es verendet wär'

Es hat über sich ergehen lassen
Später dann konnt' ich's nicht fassen!

Unbeirrt schlägt es weiter,
als sei es das natürlichste der Welt
und manchmal scheint es mir,
als sei es egal, wie oft es fällt

Brüste

Als Zierde tun sie mir weh
Ehe ich total still steh'
Zysten züchten sie heran
Null Komma fünf Kilogramm
Die Schmerzen sind zum Davonlaufen
Ich glaub' ich sollte BHs kaufen!

Misstrauen

Ich trage das Pfefferspray in meiner Tasche.
Ich trinke aus keiner fremden Flasche
und nutze gegenüberliegende Wege,
weil ich größtes Misstrauen hege.

Doch am meisten Angst krieg' ich,
wenn ich in den Spiegel schaue,
weil ich mir selbst am meisten Misstraue.

Drinnen

Ich geh' höchstens noch zum Fenster hin
Weil ich am liebsten drinnen bin

In meinem Zimmer hock' ich bloß
Mit Agathe auf dem Schoß

Weil ich freiwillig drinnen lieg'
Damit ich keine Abgase abkrieg'

Weil ich statt Schmutz lieber Fürze rieche
Und manchmal dafür unter Decken krieche

Duschen

Weil ich so 'ne Dusche
wieder mal von innen sehen sollte.
So richtig mit heißem Wasser und so.
Nur die Dusche und ich, weißt Du.

Im Keller

Ich bin im Keller und was mach' ich da?
Ich leg' mich hin, ist doch klar!
Ich schreibe, dann mache ich Sinn,
weil ich nur heute noch im Keller bin
In Gedanken tanze ich im Raum herum
Ich denke nach, denn ich bin nicht dumm!
Sie drehen die Dinger, doch sie drehen sie krumm
Ich liege sehr viel und ich denke nach
Ich glaub' sie vergaß, welche Worte sie sprach
Ich springe und singe ein Lied Lala
Kommt eine Frau und sagt: „Was tun Sie da?"

Das Single

Single sein ist total toll!
Egal, we oft ich mit den Augen roll'
und egal, wie häufig ich Finger knacke
ehe ich nachts allein ins Bett sacke

Ich kann meine Finger führen, wie ich will;
Wenn ich schweigen möchte ist es still.
Ich darf bei offener Klotüre scheißen
und wenn ich wütend bin mit Dingen schmeißen!

Ungehindert popeln können;
Sich auch mal zwei Schokis gönnen;
Einfach keinem mehr gefallen müssen
und Teddys anstatt Menschen küssen!

Einfach ganz viel Zeit zu haben.
Ohne Jammern. Ohne Fragen.

Er

Er schreibt mir vor, welche Schuhe ich tragen soll
und wenn er sie gut findet, reicht ihm das voll.

Warum kann ich nicht meinem Wesen nachgehen?
Vielleicht wird mich eines Tages jemand verstehen.

Er sagt, er meine es ja nur gut.
Er weiß nicht, was er mir damit antut.

Er klammert mich so fest an sich heran,
damit ich mich auch nicht entfalten kann.

Dem Kumpel soll ich glauben; das finde er wichtig.
Wenn Du das wichtig findest ist's ja auch richtig!

Und macht er eine Kur, dann mach' ich die ebenso.
Eigene Erfahrungen im Jenseits irgendwo.

Mal erinnert er mich an so manch einen Vater:
Wohl eher Kontrolleur anstatt guter Berater!

Er hält mich klein; lässt mich nicht gehen.
Als wär' ich verloren, würd' ich nicht bei ihm steh'n.

Hier nörgelt er, dort macht er rum:
Nichts scheint zu passen, doch ich bin nicht dumm!

Vielleicht werd' ich ihn verlassen. Irgendwann.
Damit ich endlich mehr ich selbst sein kann.

Freiheit würd' ich als Beweis seiner Liebe sehen.
Wann lässt er mich los? Wann lässt er mich gehen?

Aber da ist diese Stimme in mir, die mir sagt:
Sei froh um ihn, der Dich liebt.
Doch heute ist es die andere, die siegt.

Briefe an mich

Nur er schreibt Briefe an mich
Mit Rückschein versteht sich
Und macht er's nicht mehr
Füllt sich mein Postfach nicht.

Ätzend wie Säure

Sie waren in Beziehung
und er war eifersüchtig.
Als sie zusammenkamen,
kannten sie sich flüchtig.
Nach drei Wochen fing er an,
ihr ins Gesicht zu schlagen.
Sie fragte sich:
Kann ich eine Trennung wagen?

Sie tat es und als er sie sah
frustriert mit Wodka an der Bar,
da dachte er sich schlicht:
Jetzt räche ich mich!
Mich wirst Du niemals vergessen.
Von Rache bin ich ganz besessen.

Dein Herr

Er sieht Dir auf die Brüste
Und dann erst ins Gesicht
Von Anstand keine Ahnung
Zahmheit kennt er nicht

Ich sag's, weil ich es traurig find'
Und weil nicht alle so wie er sind
Er nimmt Mut und ist beleidigend
Und erzählt Dinge, die Dir peinlich sind

Wenn er nicht guckt
Bevor er lenkt
Und wenn er schenkt
Bevor er denkt

Er will nur eines von Dir
Und viele Liter Bier
Er ist genau so, mein Kind,
Wie nicht alle Männer sind

Im tiefsten Inneren

Trenn' Dich von ihm; ich sehe kein Licht,
denn im tiefsten Innern ändern sich Menschen nicht.

Aufrichtige Liebe

Wenn ich nur
fünf Sekunden lang
Liebe erfahren
könnte

Party

Hütchen, Essensreste und 'ne leere Flasche
Noch dazu das Parfüm in Deiner Tasche
Das ist alles, was übrig bleibt von der Party
Ich bin matt; Es war wie eine Schachpartie
Ich warf den Ball; Du gabst ihn nicht zurück
Es war ein Spiel und Du hast mich entzückt
Damals ging ich für Dich über Leichen
Doch jetzt kann ich Dich nicht erreichen

Schach spielen

Schachmatt
Jetzt bin ich platt
Du schlägst mich nieder
und singst Deine Lieder
Das Schachbrett wird mir langsam zuwider

Das Ende des Spiels war noch offen und frei
Doch ich wollte riskieren gegen Dich zu verlieren
Dachte so viel wird nicht passieren

Vielleicht ein Mal zu tief ins Glas geschaut
Den falschen Menschen leider vertraut
Jetzt hab' ich verloren
und meine Zukunft verbaut

Lüge

Lügst Du aus Liebe
oder liebst Du, weil Du lügst?
Und wie fühlt es sich an,
wenn Du Dir nie genügst?

Finden

Aber bitte sei das Ende des Tunnels
und der Anfang vom Licht,
denn ich suche schon nach Dir,
doch ich find' Dich einfach nicht.

Balzverhalten

Während ich beim DJ misch, gibt's Fisch;
Die Luft riecht frisch;
Will ihr in zerrissener Hose
eine lose Rose schenken,
was mir bislang misslang.

Es ist Sommer; Ich bin faul.
Ich fühl' mich nichtig;
Nichts mach' ich richtig!

Ich bin keine von denen,
die sich besonnen sonnen,
denn mein Riegel wiegt tausend Tonnen.

Die Jagd

Weißt Du, was ich mich frage?
Was suchst Du, was ich nicht habe?
Weißt Du, wie ich wirklich bin?
Macht Deine Jagd noch einen Sinn?

Liebe

Eins zwei drei stehen geblieben
Niemand wird mich jemals lieben
Denn Liebe ist nur Illusion
Alles doch nur Projektion.

Das Ende einer Liebe

Vorgestern hielt ich noch Deine Hand
Gestern sind wir durchgebrannt
Doch wir beide fanden keinen Halt
Vielleicht waren wir nur verknallt

Schmetterling landet auf meiner Hand
Hebe den Kopf und sehe auf die Wand
Dreh' mich um, Koffer rollt auf dem Asphalt
Ich gehe weiter und die Hoffnung stirbt bald

Das Kleid

Ich hasse das Kleid
Und ich hasse es
Wenn sie das Kleid trägt
Denn ich will sie lieben
Weil sie ist wie sie ist
Und weil sie kann was sie kann
Und ich guck' sie voll verlang'
Von der ersten Reihe aus an
Eines Tages irgendwann
Geh' ich ein bisschen an sie ran
Und ich frag' mich
Kommen wir dann zusamm'?

Heimlich

All die Fragen, die ich stelle
Deren Antwort ich schon kenne
Treffen Dich wie eine Welle
Deine Worte meine Quelle
Was ich für Dich empfinde
Weißt Du nur noch nicht
Wenn Du noch etwas wartest
Sag' ich's Dir ins Gesicht

Misere

Zwischen uns
eine Misere
Dich zu lieben
eine Ehre
Wo Du warst
will ich nicht wissen
Dich in Person
will ich nicht missen

Dein sein

Ich schenk' Dir einen Scheinreim
Und Du wirst mein sein
Will nicht mehr nur alleine
Bedenken hab' ich keine
Ich bin Deine Ego-Queen
Und fahr' für Dich quer durch Berlin
Für Dich schlaf' ich auch im Bett
Etwas mehr Respekt wär' nett
Ich will einfach nur Dich
Und mein Leben wär' perfekt

Nachbarschaftsliebe

Ich habe den Schnee
vor meinem Haus
zu Deinem
Schnee
hinzu
geschippt,
doch Du hast
die Zeichen
nicht erkannt

Amy

Du bringst Leichtigkeit in mein Leben;
Hass und Missgunst hat's nie gegeben;
Du für mich und ich für Dich;
Gemeinsam sind wir unsterblich.

Du begleitest mich auf meinen Wegen;
Da muss ich nicht überlegen;
Mit Dir wird es nie langweilig;
Du bist einfach einmalig.

Nur mit Dir bin ich komplett;
Ohne Dich ist nichts perfekt;
Ohne Dich fehlt mir ein Teil;
Die Liebe traf mich wie ein Pfeil.

Du verzauberst mich in meinem Kopf;
Für jeden Deckel der passende Topf;
Denn Du passt einfach gut zu mir;
Bist mehr als blosses Elixier.

Also bitte bleibe stehen;
Vielleicht können wir uns sehen
Mit Dir lerne ich, zu akzeptieren;
Meine Welt mit Dir will ich nie verlieren.

Professor Hundertnacht

Ungehalten und aufgebracht
hat Professor Hundertnacht
Kalkulationen angestellt
und Zeichnungen dazu gemacht.

Er hat sich Formeln ausgedacht;
Über so manche Zahl gelacht.

So saß er Tag für Tag in seinem Zimmer,
doch von Liebe hatte er keinen Schimmer!

Es kam, dass er das Buch zur Seite legte
und sich aus seinem Zimmer bewegte.

Er entschloss, sich auf Suche zu begeben,
um am Abend erstmals in die Bar zu treten.

Und wer saß zufällig auf der Thekenbank?
Da war Frau Prof. Dr. Naseband!

So war es, dass Herr Professor Hundertnacht
Hand in Hand
mit Frau Prof. Dr. Naseband
zu sich nach Hause ging.

Sie waren glücklich, wie es schien.

Und die Moral von der Geschicht'?
Wahre Liebe errechnet sich nicht.

Kleider im März

Für Dich würd' ich mein Kleid
im März tragen
und im Büro nach Tampons
für Dich fragen
Dir würd' ich mein Hemd hier geben
und für den Rest meines Lebens
in Quarantäne leben
Für Dich würd' ich sechs Dildos kaufen
und zehnmal um den Block rum laufen
Dir würd' ich all mein Geld zustecken
und Dich bei Delikten decken
Für Dich würd' ich Streiche machen
und mich auch erwischen lassen
Wegen Dir würd' ich sogar
auf meine Lieder verzichten
Die Zeit wird's dann schon wieder richten
Denn ich weiß, dass meine Liebe richtig ist,
weil Du für mich die einzige bist!

Körper und Seele

Wenn sich mein Körper mit Dir verbindet.
Meine Seele in Deinen Armen Frieden findet.
Du weißt: Ich bin Perfektionist
und ich lieb's, wie Du Bananen isst!
Ich bin schon tausend Mal gestorben,
doch fühle mich erst jetzt geborgen
seitdem mein Körper nahe bei Dir ist.
Dann Deine Küsse, die kein Geist vergisst.

Länder

In einem Land, in dem wir fünfzehn Kinder kriegen
und mir die Wörter zu Füßen liegen, weil ich endlose
Gedichte schreiben kann und Vögel zwitschern auf
mein Verlang';

In einem Land, in dem sich Leichtigkeit bewährt, weil
kein Körper mehr die Seelen beschwert; nur wir zwei
vereint zusammen ziehen voller Geist und Liebe von
Dannen.

Nur mit Dir

Andere mögen größer sein
und klüger vielleicht auch;
Ich kann Dich nur nicht lassen,
weil ich Dich einfach brauch'.

Andere mögen hübscher sein
und charmanter noch dazu;
Wir sind noch nicht am Ende;
Nur mit Dir freu' ich mich im Nu!

Andere mögen stärker sein
und glücklich obendrauf;
Doch erst seit ich Dich kenne,
nimmt mein Frohsinn seinen Lauf.

Unser Tag wird kommen

Wenn wir uns in Geduld üben
Kann kein Schein der Welt uns trügen
Du bist die eine aus dreißig Sparten
Wenn wir nur noch etwas warten
Werden wir spüren, wie jung Liebe ist
Bis uns kein Mensch mehr vergisst
Ein Schmetterling hat sich verirrt
Ich weiß, dass unser Tag bald kommen wird.

Das muss Liebe sein

Wir lernten uns kennen vor sehr langer Zeit
und ich war mal wieder zu allem bereit;

Es ist Deine Energie, die mich zum Lachen bringt
und Dein Wort, das mich zum Zuhören zwingt;

Lass' uns Deinen Charakter hier in Worte fassen
und weniger von der schönen Welt verpassen;

Wo Glück mit Liebe zusammenfließt
und man Dinge sieht, die man sonst nie sieht;

Ich werde niemals meine Vergangenheit bereuen
und mich auf eine Zukunft mit Dir freuen;

Meine Vergangenheit, die mein Gedächtnis ziert
und unsre Zukunft, die alles ändern wird;

Ich fragte: Wann wird es Frieden geben?
Dann kamst Du in mein Seelenleben.

Ein Date

Du siehst mir in die Augen
und es lösen sich Wolken auf
Kaffee und Torte hatten wir zuhauf
Du hast gesagt:
„Ich muss los, es ist spät!"
Aber wir hatten es schön
während draußen Wind weht
Ich träumte von Dir
als ich nachts im Bett lag,
weil ich Dich jeden Tag
ein kleinwenig mehr mag
Nachdem die Tore des Cafés zurollten
dachte ich, dass wir es wiederholen sollten.

Schöne Frühlingstage

Ich freu' mich auf die Zeit zu zweit;
Wenn ich Dich sieh' wird mein Grinsen breit,
weil ich mit Dir reden kann - überall & egal wie lang.
Wir teilen uns den gleichen Humor;
Dein Charme kam meiner Liebe zuvor.
Lass' mich Dich umarmen und Dich hoch heben;
Gemeinsam teilen wir unser Seelenleben;
Du bist das Paradies, nach dem ich mich sehnte
und die Frau, die ich in Träumen erwähnte;
Mit Dir muss ich nicht überlegen;
Schöne Frühlingstage wird es geben;
Vielleicht kann ich in Deinen Armen
zum ersten Mal Liebe erfahren.

Amors Tricks

Es war Liebe auf den ersten Blick,
denn ich glaube dran an Amors Trick.

Und wenn wir dann zusammen sind;
Ein Häuschen bauen, vielleicht ein Kind.

Ja, wenn wir dann gemeinsam sitzen
- so im Garten -
und auf unsre Enkel warten.

Dann weiß ich, dass ich angekommen bin.
Dann hat mein Leben einen Sinn.

Blatt

DU bist mein Herzblatt,
denn Du machst mein Herz platt;
Bist mein Herz aller Blätter
und mein Blatt aller Herzen;
Mit Liebe ist nicht zu scherzen;
Gemeinsam an der Bar ein bisschen trinken
und dabei in tiefe Träume versinken;
DU bist mein Lieblingsschatz;
In meinem Herzen hast Du Platz.

In der Ferne

In der Ferne
Aus der Ferne
Blicken wir
Ins Reich der Sterne
Elektroautos
Mag ich gerne
Der Sprit zu teuer
Sie senken Steuer
Alles scheint so
Ungeheuer.

Irgendwo im Nirgendwo

Ich bin nur im Irgendwo.
Du bist nur im Irgendwo.
Wir sind im Nirgendwo nichts.

Pflegen

Abzusagen fällt mir schwer
dabei hätt ich Zeit
wenn er nicht wär'

Eigentlich ist er ganz nett
doch es wär weniger Stress
wenn ich das Treffen nicht hätt'

Und während unsre Beziehung
den Berg hinab rollte
ermahnte sie mich
dass man das pflegen sollte

Freundliebe

Sie ist schön von außen und von innen
Wo sie draufsteht ist Herzchen drinnen

Wir lernten uns kennen, damals in der Schule
Ich war der Streber und sie war die Coole

Ich liebe sie auf freundschaftliche Weise
Wir ziehen ab und bauen Scheiße

Die Nachbarin

Ihr Kind ist nur still auf ihrem Bauch
und wenn sie Sex hat, hör' ich das auch!

Gespräche bei ihr wie im Kreuzverhör
Warte nur, bis ich Dich stör'!

Selbst wenn ich schreibe oder koch'
Auch in der Nacht hör' ich sie noch!

Und ich frag' mich, ob sie irgendwann
auch mal ein bisschen leiser kann?!

Ich werde den Vermieter fragen
Was wird er wohl dazu sagen?

Das Mädchen

Es war einmal ein Mädchen
Fünfzehn Jahre war sie jung
Sie war zwar leicht naiv
Aber eigentlich nicht dumm
Die Angst stand ins Gesicht geschrieben
Auf dem Boden wär' sie geblieben
Die Augen groß; Mit ihrem Blick
Wollte sie altes Leben zurück
Diesen Schmerz nach all den Tagen
Konnte sie kaum noch ertragen
Was passiert stand in den Sternen
Sie wollte sich dennoch entfernen

Alibi

„Und bist Du Praktikantin irgendwo?"

„Ja, als Grund für mein Aufsteh'n oder so."

Onlinelehre (Auditorium Maximum Digitalis)

Meine Bildung hinkt nun sehr hinterher.
Damit klar zu kommen fällt mir schwer,
weil ich von mir nicht so viel verlang'
und sowieso alles nachlesen kann.
Auswendig lernen? Fehlanzeige!
Sodass ich, wenn's so weiter geht,
einfache genauso bleibe.
Video zehntausend Male gestoppt.
Zehn Stunden Vorlesung am Tag getoppt.
Lösungen rigide hin und her gesendet;
Unsummen Hirnplatz unverwendet;
Stattdessen Digitalspeicher verschwendet.
Auditorium Maximum Digitalis in Ehren;
Meine Intelligenz wird damit nur entbehren.

Büffeln

Die Luft ist verbraucht.
Das Zimmer ist stickig.
Mein Lateinbuch faucht.
Die Zahlen sind mickrig.
Werde ich bestehen?
Sie wissen es nicht.
Doch am Ende des Tages
sah ich das Licht.

Schwere Kost

Steine, die ich esse
Liegen schwer in meinem Magen
Deshalb wollt' ich eigentlich
Bei Gelegenheit auch fragen
Ob ich, wenn ich fleißig war,
Anstatt zehn auch fünf essen darf;
Denn ich kann nicht mehr;
Sie schmecken zu scharf

Bitte gib' mir einen Kuss
Und sag mir', dass ich
Nicht mehr essen muss

Mein Schreibtisch

Tausend Mal feucht gewesen
In ihm leben Lebewesen
Massiv und aus Holz gebaut
Ein Latinum hat sich angestaut
Seine Erscheinung manifest
Stinken tut er wie die Pest
Eines Tages muss er sich überwinden
Und seinen Weg zum Schrottplatz finden

Gesicherte Lateinkenntnisse

Meine gesicherten Lateinkenntnisse balancieren
wackelig auf einem dünnen Seil
in schwindelerregender Höhe
und über ihnen schwebt ein Damoklesschwert.

Sprachen sprechen

Spreche ich dieselbe Sprache,
in welcher Du sprichst,
sprechen wir eine Sprache;
Doch würde von uns
keiner eine Sprache sprechen,
spräche ich wohl Deine Sprache,
denn wenn ich Deine Sprache nachspreche,
spreche ich gleich viel sprachvoller!
Wer alleine seine eigene Sprache spricht,
spricht meistens für sich mit kleiner Weitsicht,
sofern man sich nicht verspricht;
Doch versprichst Du Dich,
verspricht das Leben sich;
Pass auf, dass Dir keiner
falsche Sachen verspricht!
Wenn sich durchs Sprechen Sprachen
und aus Sprachen Sprachen entwickeln,
sind es oft die Sprachen, die wir sprechen,
die uns in Missverständnis verwickeln.

DichterInnendiebstahl

Granny Anna begann, Gedichte zu erzählen
Denn sie hatte Angst, man könnte sie stehlen
Und sie empfand Freude, damit zu quälen

Sonst hätte sie sich, so hat sie gedacht,
All die Mühen umsonst gemacht
Und deswegen nie wieder gelacht

Die Legende besagte, dass sie immer noch rannte
Oder seit jenem Tag keine Worte mehr kannte
Obwohl sie erst die Höhen erlangte

Blassgelb im Gesicht an jenem Tag
Die Konkurrenz versuchte ein Attentat
Doch es schlug fehl, sodass A. nicht abtrat

DichterInnenhilfe

Einkaufen lass' ich heute bleiben
Mein Brotkorb hängt an dünnen Seilen
Weil mir Grundversorgung diesmal reicht
Und kein Reim dem andern gleicht

Zerknülltes Papier liegt im Papierkorb
Bin auf der Suche und finde kein Wort
Da ist eine Idee, die man wieder vergisst
Weil ich besser schreibe, wenn sie da ist

Darum ruf' ich sie zur Hilfe jeden Tag
Weil ich mit ihr Hoffnung auf Heilung hab'

Platon

Es war einmal einer,
der wollt' uns DichterInnen verbannen
und er rief auf dem Marktplatz:
„DichterInnen, zieht von Dannen!"
Doch was fand man nach seinem Tod unterm Kissen?
Ein Buch mit Gedichten; keine Seite ausgerissen.

Buchstaben

Buchstaben steck' ich rein.
Salat kommt raus und ein Reim.

Das a hier find' ich nicht sehr schön;
Muss mich erst noch dran gewöhn'.

Nehme das b, weil ich's am besten find'
und schreib' Bücher, die verpestet sind.

Die Maschine hasst die Lichterketten.
Es sind zu viele; Es ist nicht zu retten.

Wortsalat gequetscht und kleingeschnitten.
Ich hab's verkackt; Kann's nicht mehr kitten.

Literaturwissenschaften

Meine Birne raucht
Bin im Stress und brauch'
Viele Bücher
Sprachen werden mich entzücken
Ich träum' von Latinum und Schriftstücken

Dienerin der Sprache

Ich bin Dienerin der Sprache
und gebe Worten Wasser und Wein.
Damit übe ich Rache;
Vielleicht mag es schön sein.
Ein Buchstabe zu viel;
Dieser Satz muss weg.
Ich finde, es hat Stil,
doch am Ende ist es Dreck.

Stadtbesuch

Bin die Depression in Person, mag's nicht monoton, aber renn' monochrom zum Salon in die Stadt. Wollt' dort nur chillen, geh' vorbei an Villen, doch ich sieh' tausend Grillen, die Bazillen drillen. Hab kein' Willen, will sie alle killen. Babys ohne Schnullies kriechen aus den Gullies, denn ihre Mullies hielten sie nicht. Gurren surren, Brummen summen; Während ich in der Hitze sitze und schwitze kommen kleine Rehkitze, die ich kitzle, bis sie auf basischem Rasen grasen und rasen nachdem sie aßen.

Gedanken tanken

Sie durchbrachen Schranken und wankten, um Gedanken zu tanken und Göttern zu danken, die sich zankten und rankten und zu Boden sanken während sie reinen Wein tranken.

Sprechen können

Von hinten legt es mir
seine Hand auf den Mund.
Ich leide am hochgradigen
Sprachwortschwund.
Das Gespräch zieht wie Vögel
an mir vorbei.
Sie sprechen ohnehin nur
über Einerlei.
Gerade möchte ich etwas sagen,
öffne die Lippen und hol' etwas Luft.
Doch es interessiert leider nicht
und es entsteht eine Kluft.
Ich kann es kaum erwarten,
bis das Treffen vorbei ist dann,
damit ich endlich wieder
Sprechen kann.

Die Menschheit und ich

Ich hab' gehört
Manche Menschen
Sind nicht so
Wie sie sollten
Und manche
Geben sich nicht so
Wie sie wollten
Und manche wollten
Sich nicht so geben
Wie sie eigentlich sind,
sodass ich keine Freunde find'.

Mein Schatz

Wo ist er denn, mein Schatz?
Man hat mir meinen Schatz gestohlen!
Ohne Reue unverhohlen

Mir wurde mein Schatz genommen!
Werde ich ihn wiederbekommen?

Er wurde mir aus den Händen gerissen.
Jeden Tag ein kleines bisschen
Ohne Ahnung; ohne mein Wissen

Sie zerstörten jeden Tag meinem Schatz.
Immer wieder mit jedem Satz.

Und man kann man es drehen und winden:
Meinen Schatz werd' ich wohl nie wieder finden

Schöne Schöpfung

Schöne Schöpfung schoss schwere Geschosse
schnurstracks irgendwohin, bis ich erkannte,
dass ich selbst schöne Schöpfung bin...

Wie soll ich?

Mein Fahrrad hat heut' einen Platten.
Wie sollen sie wollen, was sie nie hatten?

Wie soll ich wollen, was ich nicht kenne?
Die Schuld trägt niemand, den ich nenne.

Blümchen

Auf einer Wiese
mit vielen Blumen gar
war eine Blume,
die etwas kleiner war.

Doch diese Blume
- sah man von weitem schon -
war von besonders schönem Ton!

Eines Tages kamen Kinder her
und zertraten Blümchen,
als ob sie wertlos wär'.

Aber von da an kroch empor,
dass die Wiese mit Blümchen
auch ihre Schönheit verlor.

Und die Moral dieser Geschicht'?
Kleine Blümchen rupft man nicht!

Mehr Meermenschen

Menschen wären nicht Menschen,
wenn sie nicht Menschen wären.

Menschen sind keine Menschen,
wenn sie sich nicht beschweren.

Menschen sind keine Menschen,
wenn sie sich nicht bewähren.

Menschen machen Menschen,
damit sie mehr Menschen werden.

Menschen sind nicht menschlich,
wenn sie Zutritt verwehren.

Menschen sind Barbaren,
wenn sie Grausamkeit gewähren.

Menschen achten Menschen,
wenn sie diese ehren.

Menschen sind Klugscheißer,
wenn sie Menschen belehren.

Menschen können nicht Menschen sein,
wenn sie sich gegen das Menschsein wehren

Weil Menschen ohne Fehler
wohl keine Menschen wären.

Kennst Du den Westen?

Du fragst, ob ich den Westen kenne?
Da, wo die Leute so viel zum Essen haben?
Da, wo die Leute konsumieren
und die Umwelt verpesten?
Wo alle Leute so egoistisch und unempathisch sind?
Den Westen? Ja, den kenn' ich. Da leb' ich sogar.

Krieg

Immer, wenn ich über Gras laufe
und mir ein kleines Eis kaufe
willst Du mich fragen,
was sie mir eingetrichtert haben.

Die Gefahr ist größer, je heller das Licht;
Über Bomben, mein Kind, läuft man nicht.

Ein kleiner Punkt

Ich bin nur ein kleiner Punkt
auf einem winzigen Fleck.
Andere Welten beamen mich weg
und ich frage, ob ich jemals irgendwann
einen Unterschied hier machen kann.

Der Schock

Und ich steh' unter Schock;
Renn' drei Mal um den Block;
Hab' überhaupt kein' Bock,
sodass ich gleich aufhör' und kotz'
und seit drei Stunden
irgendwelche YouTube-Videos glotz'.

Einmal Krieg und Pandemie;
Ein Ende gibt es nie;
Ich ertrag' es einfach nicht
und kein Frieden ist in Sicht.

Der Nationalsozialist

Sein Herz erstrahlt in Schwarz-Rot-Gold,
weil er nur Gutes für Deutschland wollt'!
Engstirnig und hirnverbrannt
Verständnis hat er nie gekannt
Die Seele noch in jungem Alter
Stimmen für Gesellschaftsspalter
Sein Leben hat nur einen Sinn
Einfalt sieht er als Gewinn

Depression weg

Heute geht's mir gut
und das schon den ganzen Tag
und ich hab' beschlossen,
dass ich ab sofort das Leben mag!
Ich stoß' vor Freude auch drauf an,
weil ich mich heute freuen kann.
Depression wie weggeblasen;
Heute keine üblen Phasen;
Mein Gehirn gibt endlich Ruh'!
Rosarot, kein black-and-blue.

Depressionen

Gedanken sind nicht aus dem Weg gewichen
Geister sind in mein Gehirn geschlichen
Diese Geister ärgern mich sehr
Sie sind wie Monster und noch so schwer
Nichts und niemand kann mich hindern
Kein Mensch wird meine Schmerzen lindern
Hadern ist mein Zeitvertreib
Bis mir keine Zeit mehr bleibt.

Der Heulkrampf

Das Kinn fängt leicht an zu beben;
Was hab' ich bloß getan im Leben?
Weil ich das alles so nicht wollt'
und die erste Träne rollt

Die Herzen erweichen
und sie gehen über Leichen,
um Witze zu bringen
und mich zum Lachen zu zwingen

Warum ich weine geht Dich jetzt nichts an,
Du wirst es erfahren aus der Presse dann.

Der Lachanfall

Ein Witz ging hier zu weit
und der Muskeltonus streikt;
Gerade noch am Glas genippt,
dann vor Lachen umgekippt;

Das Glas zerspringt Juhu;
Der Nachbar fragt „Na nu?!"

Und die Moral von der Geschicht'?
Es hüte sich, wer Witze spricht.

Panikschiebung

Mein Herz überschlägt sich.
Es schlägt auf einmal für zwei.
Vor mir steht ein Schlitzer.
Plötzlich sind es drei.
Ich kann Dir kein Bier holen
jede Nacht,
weil mir die Dunkelheit
im Keller
zu viel Angst macht.

Das schwarze Loch

Du hast keine Freude mehr
Deine Seele ist schon länger leer
Dein Leben hängt am Dürremast
Du weißt nicht und hast viel verpasst

Doch ich kann Dich nicht verlassen
und es bei Deiner Trauer belassen,
denn ich habe sie Dir angerichtet;
nun bin ich Dir auch verpflichtet

Das verspreche ich Dir;
Wenn Du magst: Ich bin hier.

Der leere Akku

Birne schwer
Akku leer
Meine Gedanken
fliegen hin und her

Zeit

Die Zeit nimmt uns alles.
Die Zeit ist ein Arsch.
Warum, liebe Zeit,
bist Du so harsch?

Die Zeit macht uns krank.
Die Zeit macht uns alt.
Warum, liebe Zeit,
bist Du so kalt?

Die Zeit nimmt uns Eltern.
Die Zeit nimmt uns Kinder.
Warum machst Du, liebe Zeit,
uns zunehmend blinder?

Und während Du, liebe Zeit,
himmlische Hoheit erlangst,
versteh' ich nicht, warum Du
nicht stehen bleiben kannst.

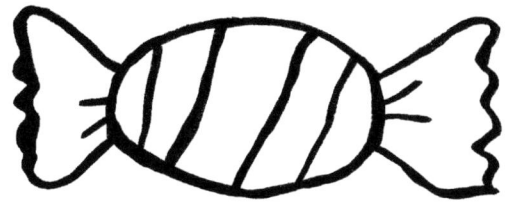

Zerstörungswut

Sie hatten ein Paradies.
Doch sie haben es zerstört
und es ist ganz allein meine Schuld.

Zuwider

Doch dann kehrt dieses Gefühl wieder
und die Welt ist mir abermals zuwider.

Getragen

Fall' vor lauter Last schon fast nach vorn
Hab' zu viel getragen since I was born

Hab' zu viel getragen, fell on my knee
Zu schwere Dinge, but you will see

Werd' niemals leicht sein, nie und never
Wenn ich die Augen schließ' forever

Hab' mir die Schwere stets bewahrt
Viel getragen und es war hart

Der Rucksack ist schon jetzt zu schwer
Tragen kann ich ihn nicht mehr

Hab' zu viel getragen since day one
Ich leg' mich hin, Du hast gewonn'.

Systemfehler

Wir können nicht vergessen
Das ist das Problem
Irgendwo ist hier
Ein Fehler im System

Immer muss irgendetwas erinnern
Dann sind es Gedanken, die Glück verhindern

Egal ob Fotos, Briefe oder Co.:
Vergangenheit findet man immer irgendwo

Ein Mal rauf zur Hölle
Zurück
Und wieder rauf
Es trifft wie eine Welle
Und reißt alte Wunden auf

Vergangenheit vergraben

Pack' meine Vergangenheit am Kragen
und zieh' sie runter in den Graben;

Werde sie dafür sorgen, dass man sie vergisst,
weil sie der Grund für mein Unglück ist.

Darauf noch tausend Tonnen Zement und mehr;
Sie nicht auszubuddeln fiele sonst schwer.

Am besten ist sie für immer vergessen.

Nicht geachtet und keine Würde geschenkt,
weil ich kotzen muss, wenn ich an sie denk'.

Flucht und Jagd

Ich bin auf der Flucht vor dem, was ich jag'
und jag' den, vor dem ich flieh',
bis ich aussteig' und eigene Wege zieh'.

Ich bin auf der Jagd nach dem, vor dem ich flieh'
und flieh' vor dem, den ich jag';

Ich bin auf der Flucht; bin auf der Jagd.
Renn' so lang' rum, bis mein Herz versagt.

Fähnchen im Wind

Wie ein Fähnchen im Wind bin ich hier.
Flatter herum, weil ich's nicht kapier.
Zieh' zehn Mal um; mal hier, mal dort.
Bin eine Fahne ohne festen Ort.

Bin eine Fahne ganz ohne Mast,
weil's mir hier immer noch nicht passt.
Ich bin eine Fahne und flieg' durch die Luft.
Zwischen Halt und mir eine große Kluft.

Wollt' sesshaft sein irgendwie irgendwann,
doch irgendetwas hindert mich daran.

Hier gestoppt, da gefloppt:
Niemand hat mich jemals getoppt.
Bodenständig? Nie gewesen.
War schon immer ein fliegendes Wesen.

Ja, Du!

Zerreißt Du es ein Mal
Geht es nie mehr zusammen
Rache und Missgunst
gehen auf in Flammen
Selbstreflexion
Löst auf mich selbst eine Wut
Entstandene Schäden
Werden nie wieder gut
Ja, ich meine Dich.

Die beste Medizin

Mut sollst Du zeigen ohne zu leiden,
damit Dein Leben durch Mut gezeichnet ist
und Du stets zufrieden mit Dir bist;
Mut ist die beste Medizin
und wenn Du einen Mutigeren triffst,
so lerne von ihm.

Es freut mich

Es freut mich,
Dich wieder strahlend zu sehen,
mit Dir spazieren zu gehen,
Deine Stimme zu hören
und Dir Treue zu schwören.

Es freut mich,
Dich im Glück wieder zu finden,
Deine Stärke zu empfinden
und meinen Preis dafür zu zahlen
nach all den schweren Qualen.

Ja, es freut mich,
dass die Welle wieder rollt,
denn das war das,
was ich schon immer für Dich wollt'.

Täglich

Ich nehme
jeden Tag
Stück für Stück
häppchenweise

Andre Dinge

Beruhige Dich
In der Ruhe liegt die Kraft
Hast andre Dinge
auch schon geschafft

Momente

Grashalm zwischen den Lippen
Etwas auf der Schaukel wippen

In der Tasche dreißig Kippen
Ein wenig Sand zum Schippen

Frisches Blut fließt zwischen Rippen
Jetzt nur noch das Richtige tippen

Einfach abkommen von Wegen
und in Leichtigkeit schweben

Schönheit

Ich bin nicht schön in diesem Leben.
Aber man hat mir eine Gabe gegeben:
In meinen Gedanken bin ich frei;
Mein Leben ist nicht Einerlei.

Ich bin nicht wirklich hübsch geworden,
doch Kater Karl fühlt sich geborgen
und bevor Du gehst und mich vergisst
merke, dass Äußeres nicht alles ist.

Seifenblasen

Manche sinken zu Boden leicht
ehe Luft aus meinen Lungen weicht

Kann schon lange nicht mehr stehen
und will wie die Blasen fliegen gehen

Es sich leicht machen im Leben
Hoch zum Himmel hinauf schweben

Doch ihre Träume platzen wie Seifenblasen
Gleich neben mir, denn sie vergaßen

Wie wichtig das Erdklima ist
und wie viel Sprit ihr Auto frisst

Wald

Die Seele alt
Im Herzen kalt
Tapfer, schweigsam
Durchwegs stramm
Tief verwurzelt
Unwegsam

Pinkeln

Anna war im Wald und musste dringend aufs Klo.
Sie sagte: Mir egal wie und mir egal wo!
Sie wollte nicht, dass sich jemand einmischt
und wurde dann doch auf frischer Tat erwischt.

Der Käfer

Ein Käferlein
Ging allein
Doch sie trat ein
Da er
Als er ging
Wie ein Fussel schien

Wenn ich ein Vogel wär'

Wenn ich ein Vogel wär'
und auch zwei Flügel hätt'
so flög' ich zu Dir direkt ins Bett

Ich würde täglich zu Dir fliegen,
um Kuchenbrösel von Dir zu kriegen
und die Welt könnt' mir zu Füßen liegen

Ich könnte für Dich singen
ein Haus bauen mit schönen Dingen
und Dich später zum Einziehen zwingen

Ich würde an Deinem Fenster zwitschern,
wir könnten ganz viele kleine Vögel backen
und jedem Deiner Feinde aufs Dach kacken

Ja, wenn ich ein Vogel wär'
und auch zwei Flügel hätt'
wär' mein Leben ziemlich nett!

Cherry

hob ab
für ihren Flug um die Erde
und ahnte nicht,
dass dies ihr letzter werde,
denn Cherry ist falsch abgebogen
und gegen meine Scheibe geflogen.

Wassermann

Ich höre gut zu
Denn ich bin Wassermann
Es steht auch im Buch
Dass ich gut schreiben kann
Das Horoskop sagt
Ich krieg' ein Doppelkinn
Und das alles nur
Weil ich Wassermann bin
Drum mach' ich immer
Erst Wasser an
Und hol den Typ
Für den Wasserhahn
Doch wenn wir reden
Macht es keinen Sinn
Weil sie nicht wissen
Dass ich Wassermann bin

Der Apfel

Lieber Apfel!
Es tut mir leid,
doch Dein Fäulnis ging zu weit.
Ich sollte die Natur schon ehren,
doch ich konnte Dich nicht verzehren,
da Du zu lange gelegen hast;
Deine Blütezeit schön längst verpasst.
Meine Ehre ist für nun geschändet;
Der kleine Apfel auf ewig verschwendet
und während die Schuld nur bei mir liegt
ist es so, dass der Apfel in den Abfall fliegt.

Der Käse

Ich dachte, dieser ginge noch,
weil er nicht allzu ranzig roch.
Jetzt eine Vergiftung mit 40 Grad,
da ich meinte, dass ich den noch vertrag'.
Ich dachte, meine Flora würde sich freuen.
Doch diesen Käse werd' ich immer bereuen.

Ich bin kein Alkoholiker

Ich bin kein Alkoholiker
Eigentlich nur depressiv
Darüber hab' ich nachgedacht
Als ich zum Markt hin lief
Depression und Alkohol in einer Symmetrie
Sag' nicht, dass ich süchtig bin
Glauben würd' ich's nie
Ich schlag' nur manchmal über die Stränge
Es ist nicht, dass ich am Vodka hänge
Sie sagten, ich sei nun kein Herr mehr
Dabei hatte ich's seit jeher schwer
Eigentlich bin ich nicht süchtig
Ich hab' nur Angst und bin berüchtigt
Es wird dauern, bis ich sehe und verstehe
und den richtigen Weg gehe
Fragt man nach meinem Trinkrhythmus
Greift mein Abwehrmechanismus
Bloß weil man sich ein Gläschen gönnt
Und jederzeit aufhören könnt'
Nur wegen des bisschen zu meiner Speise
Ich lös' Probleme auf meine Weise

Entzugsklinik

Die Entzugsklinik war so gut,
dass ich gleich drauf anstoßen musste.

Schlummertrunk

Ganz ohne Alkohol
Und ganz ohne Merkmal
Weil ich heut' mal einfach mal
Von innen heraus strahl'
Zuerst fühl' ich mich wie neugeboren
Doch dann bin ich rückfällig geworden

Phantasieren

Schätzchen, ich liebe Dich so sehr
Dich links liegen zu lassen fiele schwer
So was wie Dich trifft man nicht alle Tage
Deshalb verzeihe mir, wenn ich es sage
Ich liebe es, wenn Dein Haar perfekt fällt
Es ist Dein Schuh, der mir gefällt

Also hab' keine Angst.

Ich will nur phantasieren
Dir vielleicht einen Drink spendieren
Denn Du hast die einzig wahre Gabe
Weil ich Dich schön find'
Auch wenn ich nicht getrunken habe

Bahnhofsviertel

Die, die ich kannte
gibt's gar nicht mehr;
Falsche Entscheidung getroffen;
Die hatten es schwer

Das Mystische im finsteren Grauen,
in dem dunkle Geheimnisse lauern

In meiner Präsenz im Hier und Jetzt
wird alles von mir unterschätzt;
Ein Gefühl, das in die Irre führt
und das man erst später spürt

Dann fühl' ich mich wie ein Schwan;
Besessen von einem Freiheitswahn;
Bin Vollwaise in gewisser Weise;
So geh' ich auf meiner Einzelreise

Komm', ich nehm' Dich an die Hand!
Lass' uns gemeinsam verirren!
Ins Paradies gehen, Drogen nehmen,
während Dinge im Kopf schwirren

Der Lebemann

Bin ein knackfrischer Knacki
und dreh' n' krummes Ding,
weil ich tief in mir drin ein Lebemann bin

Bin ein Wüstling, bis ich sterbe
und trag' unten eine Kerbe,
weil ich hier jeden Abend
von hinten vergewaltigt werde

Ganz elegant mit der Hand beim Beamten bedankt;
Das Fleisch wird gehackt, bis mein Körper einsackt;

Blitzkerl passt auf, sonst tun sich Wunden kund;
Die Spinnen krabbeln jede Nacht in meinen Mund.

Ich bin der, der täglich vor dem Gitter steht
und schon wach ist, wenn die Sonne aufgeht.

Zerstören

Ich muss rauchen, bis die Lunge versagt.
Muss trinken, bis meine Leber nicht mag.

Ich muss denken, bis mein Kopf explodiert.
Ich muss fühlen, bis mein Herz kollabiert.

Muss glühen, bis die Birne durchbrennt.
Muss färben, bis mich keiner erkennt.

Kau so lang' am Nagel, bis der Finger abfällt.
Das Herz will pumpen, doch der Thorax ist geprellt.

Muss lernen, bis gar nichts mehr geht.
Man will mich retten, doch es ist zu spät.

Haus voller Flaschen

Mein Haus ist voller Flaschen
Sie liegen auf dem Bauch
Nutzlos und zerbrochen
Und Hälse haben sie auch
Auf einmal wird es klar
Mein Herz bleibt kurz stehen
Ich sollte mal wieder
Zum Glascontainer gehen

Messie-Syndrom

All das Zeug hier brauche ich noch;
Wenn ich entsorge, krieg' ich ein Loch!
Abfall, Kisten und Kürbiskerne:
Wo sie liegen wissen die Sterne.
Ich will, um Löcher in mir zu stopfen
ehe Entrümpler an meinen Türen klopfen.
Wertbeimessungsstörung, Zwangsgedanke
bevor ich in Shops neuen Stoff tanke;
Ob Sicherheitsmessie, Rebellion oder co.:
Die Sammelwut packt mich immer irgendwo;
Meine Mutter kann es kaum noch fassen
zwischen Kleiderbügeln und tausend Tassen
Ein Mal Hilfsgruppe und Beratungsstelle
ehe ich wieder Shops auf den Kopf stelle
und mein Mitbewohner verliert die Worte,
wenn ich komme und neues Zeug horte.

Löffel

Tausend Male abgeschleckt.
Hundert Male schon verdreckt.
Zwanzig Male leicht versteckt.
Am Rost schlussendlich doch verreckt.

Der Krug

Das Leid hat begonnen
Tausend ihrer Träume
Auf dem Boden zerronnen

Sie kann es immer noch nicht fassen
Ich habe den Krug
Fallen gelassen

Schönes Augsburg

Neulich bin ich in Augsburg gewesen
und mein Herz hat kurz gelacht.
Hab' im annapam. mein Buch gelesen
und mir am Königsplatz gedacht:
Augsburg ist meine Lieblingsstadt!
Die Fuggerei macht mich ganz platt,
weil mein Herz nur für die Stadt schlägt,
auch wenn manchmal ein Nachbar sägt.

Rosenheim

Dinge machen keinen Sinn
Wenn ich nicht weiß,
Ob ich aus Rosenheim komme
Oder aus Augsburg bin
Rosenheim ist mein Lieblingsloch
Mag ich's nicht oder lieb' ich's doch
"Warum bist Du heut' so still?"
Weil ich das alles so nicht will
Es reißt mich her und hin
Bis ich schlussendlich zerrissen bin

Hitze

Mein T-Shirt stinkt nach Schweiß
Ich muss hier weg; es ist zu heiß
Herbst und Winter fehlen sehr
Mein Haar gibt Fett für Butter her
Eier braten auf dem Asphalt
Die nächste Hitzefront kommt bald

Mückentücke

Im Garten Mückentücke
Flucht zum Gottesacker
Hin zur Hackerbrücke

In die Schüttenhütte
Leere Taco-Tasche
Wenig Hackenmacker
Große Krückenlücke

Zurück zur Hackerbrücke
Hin zum Gottesacker
Verrückt nach Mückentücke

Der Anwalt

Er war Anwalt mit Leib und Seele gar,
bis er für eine andre Kanzlei tätig war.
Denn eines Tages wurde er gebeten,
einen Mörder rechtlich zu vertreten.
Und so sagte er ganz schlicht:
„Diesen Fall übernehme ich nicht!"
Gerechtigkeit sei zwar schön,
doch dieser Fall wär' zu obszön!
So kam es, dass der Chef
mit Kündigung reagierte,
die unser Anwalt auch akzeptierte.
Wenig später war es unser Anwalt,
der auf harte Weise strandete
und obdachlos auf der Straße landete.

Rechtsmedizin

Schätzchen, musstest Du schon geh'n?
Den Grund dafür werden wir sehen.
Von oben nach unten und von außen nach innen,
während Blut und Wasser rinnen;
Rechtsmedizin als Recht der Medizin
will den Schlafenden Aufklärung gönnen,
weil tote Menschen sprechen können.

Lokführer

Er war Zugfahrer und das schon seit vielen Jahren
und hatte aus Versehen ein paar Leute überfahren

Ob aus Versehen oder Absicht, also gar ein Suizid,
gab es immer jemanden, der nicht die Gleise mied

Auf den Gleisen war ein Wagen, in dem ein Kind lag
Kaum zu fassen, was sein Verstand verstehen mag

Plötzlich setzte es ihm an und er wurde schwer
Diese Bilder gingen aus seinem Kopf nicht mehr

„Ich möchte das verdrängen, einfach überwinden."
Doch es mochte nicht aus dem Kopf verschwinden

Täter oder Opfer? Er war beides zugleich!

Das Erlebnis riss in sein Herz ein großes Loch
Er gab auf und machte die Umschulung zum Koch

Der Busfahrer

Er war Busfahrer und er war ziemlich depressiv,
doch das war nichts, was ihn stutzig werden ließ.
So fuhr er jeden Tag von Badria nach Gabersee,
doch jedes Mal, wenn er aufstand, tat es ihm weh.
Aber er fuhr trotzdem und bediente die 9418
- nicht nur am Tag, sondern auch jede Nacht.
Und immer, wenn es so dunkel war,
war es so, dass er die Autolichter sah
und in einer Nacht, da dachte er sich schlicht,
er könne fahren gegen so ein schönes Licht.
Er überlegte sich, wie es wäre, wenn er stürbe
und wenn er aller Fahrt ein Ende setzten würde.
Er könnte es wie einen Unfall aussehen lassen;
dann käme Mitleid und keiner würde ihn hassen.
Die anderen müsste er eben in den Tod mitreißen.
Ihm doch egal, ob sie zahlen und wie sie heißen!
Am Dienstag in der Nacht war es dann so weit:
Der letzte Bus; sie waren außer ihm zu zweit.
Einfach gemeinsam aus dem Leben schweben;
Er plante um, sah einen Baum und fuhr dagegen.

Busentführung

Es war der Tag gekommen und sie ging los;
Ein paar Erledigungen machen bloß.

Den Bus musste sie dafür nehmen;
Nicht viele würden diesen wählen.

Und so kam es, das war klar,
dass sie die einzige im Bus drin war.

Der Busfahrer, 50 Jahre alt, dachte:
„Ich fahre weg und entführe sie bald!"

Sowieso die letzte Fahrt in seiner Schicht.
Auffallen würde es zunächst nicht.

So lenkte er, als gäb's keine Verpflichtung,
den Bus einfach in die falsche Richtung!

Das Mädchen wusste nicht und war neu.
Beim Busfahrer dagegen sank die Scheu.

Ja, dies ist seine letzte Schicht;
Schämen würde er sich nicht.

Später wurde ihre Leiche gefunden.
Und wer es war? Auch das war klar,
denn man sah, dass es der Busfahrer war.

Der Psychiater

Ich nahm meine Tabletten nicht
und machte ein Theater,
weil ich ihn so lieb hab,
meinen kleinen Psychiater.
Ich nehm' ihm nichts ab von seinem Mist,
weil er selbst Unsummen Tabletten isst!
Er sieht aus, als habe er eigene Probleme;
Bei ihm ist nichts, wofür ich mich schäme.
Oft ist er beleidigend,
ich reagiere dann verteidigend.
Ich meinte: Drück' mir Deine Lösung nicht auf,
denn diese Lösung ist Dein und wie ich sagte:
Your path is yours and my path is mine.

Im Sterbebett

Er war Psychiater
und damit ein Dr. med.;
Irgendwann sagte er:
„Wandel kommt nie zu spät!"
Er konzipierte immer mehr;
In seinen Augen war's nicht leer;
Heilmethoden allerhand,
die wenig Evidenz verband.
Als seine Mutter lag im Sterbebett:
„Mein Sohnemann war ja ganz nett!
Doch während sie Abgründe sah'n
hätt's Flurazepam auch getan."

Der Gynäkologe

Es war ein Mann, der wollte Gynäkologe werden.
Ohne das zu schaffen, mochte er nicht sterben!
Wie ein Mann das konnte war das Rätsel einer Frau.
Ein harter Weg, doch er bestand; er war schlau!
Ein Laster tat er sich an; etwas, was ihn quälte:
Bei Dates war Schluss, wenn er davon erzählte.
Eifersuchtsgefühle schienen sie zu überrennen...
Das blieb so; es gibt keine Ehen hier zu nennen.
Er wagte es mit einem Mann; machte den Termin,
Doch leider war es so, dass dieser nicht erschien!
Und ehe ich mich nicht versah;
Ehe ich mich nicht verschrieb,
kam es so, dass unser Gyn. für immer Single blieb.

Bereitschaftsdienst

Mein kleiner Arzt hat heut' Bereitschaftsdienst
Wenn etwas ist, wird er gleich angepiepst

Es war abends um acht und er hatte großen Frust,
da packte ihn seine starke Lust

So trank er ein paar Gläser und fing an, zu rauchen
„Die kommen klar, mich wird heut' keiner brauchen."

Und er trank weiter unverhohlen,
dachte: „Die werden mich heute nicht holen."

Nur ein kleines Gläschen noch
und in seiner Seele füllt sich das Loch

Bis ein Notfall kam und die Pflegekraft skandierte
Es piepste, sodass er um neun mit Promille operierte

Es lief gut, bis er doppelt sah und ihn der Teufel ritt
und er aus Versehen in des Patienten Aorta schnitt

Man versuchte es noch mit Reanimation,
doch das EKG gab keinen Ton

Nein, lebend kam der Patient nicht aus dem Saal
und bekam gleich nach dem Schnitt sein Grabmal

Und mein Arzt? Der musste den Dienst wohl beenden
Sein Leben wird sich nicht mehr zum Guten wenden

Die Pflegekraft

Sie war Pflegekraft
und hatte im Leben
schon viel geschafft,
doch eines Tages
bat eine Freundin voller Sorgen:
„Könntest Du mir ein Präparat besorgen?"
Ein Rezept hatte sie nicht,
doch es war die nächste Bestellung in Sicht!
Die Pflegerin musste nicht überlegen
und wollte den Stoff einfach stehlen.
Tags drauf musste sie
sich nicht überwinden
und ließ es in ihre Tasche verschwinden.
Sie dachte, es komme keiner drauf,
doch der Buchhaltung fiel's auf.
So kam es, dass die Pflegekraft
ihren Job verlor;
Der Diebstahl war ein Eigentor.
Man entzog ihre Erlaubnis
was den Beruf anging.
Schließlich war sie am Ende,
sodass sie Suizid beging.

Nachtschicht

Ich schwank'
An meinem Krankenhausgang entlang
Es klingelte Ding Dong
Spielte grad Ping Pong
Ging und sang Singsong

Mit Infekt
Total grippal
Ging ich ins Patientenschlafgemahl
Doch oh Schreck
Der Patient war weg!

Plötzlich war ich hellwach
Hellwach war es, was ich war
Und auf einmal wurde klar:

Der Patient klingelte vom WC aus.

Der Professor

Wenn sie ihm näher tritt
Beißt er ihre Hand wund
Krause Haare, gelbe Zähne
Wie ein Fundhund
Drum wartet nur
Bis ich mich räche
Weil ich vom Herrn Professor
Spreche

Der Diktator

Ruf' ihn nicht an;
Wag' es nicht zu fragen
Andre Meinungen
kann er nicht ertragen

Man verhängt für sein Land
auch kein U-Boot Verbot,
weil er sonst mit Atombomben droht

Lehnst Du Dich auf
kriegst Du nur Wasser und Brot;
Später winkt Dir durch Vergiftung der Tod

Heut' marschiert er ein,
obwohl man Frieden anbot,
denn keiner soll wissen: Er ist ein Idiot!

Er berät sich nur mit weisen Herren;
Lässt bis auf einen alle Sender sperren

Kriege führt er im Ausland schlicht
Das Leid dadurch kümmert ihn nicht

Doch sein Volk war darüber erst empört,
als er damit eigene Wirtschaft zerstört

Kriegsverbrechen bis gar nichts mehr geht;
Ja, er ist ein Diktator, wie er im Buche steht.

Der Kinokartenverkäufer

Jeden Abend ging er zum Kino hin
Auf Suche nach des Menschseins Sinn
Eine Spätschicht hier und da
Im Winter sah er Sterne klar
Leicht geduckt und schwer im Gang
Er sah sich ein Mal selbst was an
Es ging um Geist, Sinn und Verstand
Er dachte „Das ist allerhand!"
So kam es, dass er Sinn mit Bildung verband
Und zurück in die Schule verschwand

Der Lehrer

Er sagt es ihnen ins Gesicht.
Moral & Ethik versteht er nicht.
Von Feminismus keinen Schimmer.
Von Jahr zu Jahr wird es nur schlimmer.
Endlose Diskussionen ohne Ziel;
Seine Widerlichkeiten sind zu viel.
Bücher vergisst er ab und an.
Mit Exschülerinnen ist er zusamm'.
Seine Grausamkeit nimmt kein Ende;
Er gründet unseriöse Heilverbände.
Er sagt, er „heile" Frauen schon im nu;
Abnorm passt nicht in seinen Schuh.
Also merkt euch, lieber SchülerInnen:
Wo sein Name draufsteht, ist Sexismus drinnen.

Wach bleiben

Könnte ich bitte einfach wach bleiben
Und das Schlafen für immer vermeiden
Sie sagen: „Geh' ins Bett, mein Kind!"
Verstehen nie, wie doof ich Schlafen find'

Sie sagen: „Sei zum Träumen bereit!"
Ich halte das für verschwendete Zeit

Und was, wenn ich mich hinleg' dann?
Was, wenn ich nicht schlafen kann?

Lieber Pervitin geschluckt
und drei Filme angeguckt
als ewig lang im Bett gelegen
Folgeschäden? Pah, von wegen!

Acht Stunden täglich machen keinen Sinn,
weil ich schlafen kann, wenn ich tot bin.

Insomnia

Die Ringe scheinen,
die Beine hinken.
Ich arbeite
bis zum Abwinken.

Ich kann nicht schlafen,
obwohl ich wollte
und penne ein,
wenn ich nicht sollte.

Unter den Augen
schwarze Schatten
singen von Dingen,
die wir heut' Nacht hatten.

Und die Ringe scheinen,
die Pegel sinken.
Ich muss jetzt raus
und Kaffee trinken.
Ein bisschen Schlaf
wär' gut für mich
und die Gedanken
teilen sich.

Guter Schlaf

Für guten Schlaf
Ist's nie zu spät
Ja, guter Schlaf
Ist rar gesät
Und wenn guter Schlaf
Gut sein soll
Brauch ich Dich
Neben mir
Voll

Ich brauch bloß
Tiefen Schlaf
Von Qualität
Schlaf mit Dir
Priorität

Deinen Charme
Find' ich auch toll
Geb' ich hiermit
Zu Protokoll
Und gegen Feinde
Heg' ich Groll

Bett

Ich folge dem Ruf des Bettes;
Schlaf ist schon was Nettes.

Etwas Tavor und Promethazin -
und schon bin ich dahin!

Ich hab' es leider nicht geschafft
und mich nicht mehr aufgerafft;

Bin ein Prokrastinator in erster Linie,
obwohl ich damit kein Geld verdiene.

Mein Leben macht dann keinen Sinn,
wenn ich abends immer so müde bin.

Ich bin ein Versager erster Klasse,
weil ich alles im Schlaf verpasse.

Ich schreibe, damit Du nie vergisst,
dass Du dann wach bleiben kannst,
wenn Du tot bist.

Der Maskenverweigerer

Er hasste gewisse Politiker
und bezeichnete sich als Systemkritiker.
Wen er wählte; das war für ihn gar keine Wahl:
Für ihn gab's nur eine; die fand er phänomenal!
Und als es hieß „Jetzt Maskenpflicht!"
widersetzte er sich schlicht.
Doch eines Tages dachte Schicksal sich:
„Wir holen Karma her, so entkommt er nicht!"

Leben zu retten war nichts, was ihm wichtig schien,
obwohl er selbst egoistisch am Leben hing.
Nun war seine Lunge vom Virus zerfressen.
Hätt' er bloß seinen Hochmut vergessen!
Hätte er bloß auf die Wissenschaft gehört!
Jetzt eine Folge nach der anderen, die stört.
Erst im Sterbebett sagte er noch:
„Ja, dieses Corona gibt's anscheinend doch?!"

Frei

Falls es diesen Gott mal gab,
war es so, dass er nach vorne trat
„Der Mensch soll frei sein!" hat er gesagt
ehe er sogleich verschwand,
weil er Glaube mit Unfreiheit verband.

Omicron

Sie hatte die Infektion mit Omicron
durch Interaktion mit der Person,
der Viren beiwohnen

Und ich hab' rote Karten grade,
weil ich mir ihr geredet habe

Großkarolinenfeld

Mein Herz ist in Großkarolinenfeld,
wo Du zu Haus' warst und es mir gefällt,
denn es ist stets nur Großkarolinenfeld,
das mein Herz und meine Hand festhält.

Ich wünschte, Du würdest hier noch leben.
Würd' so ziemlich alles dafür geben.
Wie geht's Dir? Und es macht keinen Sinn,
bis ich eines Tages ganz bei Dir bin.

Für Dich

Plötzlich warst Du auf einmal weg.
Das Leben hatte keinen Zweck.
Doch mach' Dir keine Sorgen dann:
Du bist ein Engel, der im Himmel fliegen kann!

Du wolltest und wolltest nun nicht mehr.
Das Leben fiel einfach zu schwer.

Einfach dastehen, atmen nicht genug.
Ich weiß: Das Leben ist ein Betrug.

So kommt es, dass ich Dich jeden Tag verlier'.
Doch ich ahne, wie Du fühlst, denn ich kapier'.

Der Tod in Person

Eines Tages
kleidete sich der Tod
als Person,
um bei den Menschen zu wohnen.
Doch egal, an welchem Ort:
Die Menschen mieden ihn sofort!
Und selbst Menschen,
denen er scheinbar nahe stand,
weil sie älter waren oder krank,
waren umgeben
von vielen Ärzten und Pflegewägen.
Tod spazierte vorbei an einem Sportplatz
und sah einige Hürden.
Er seufzte und sagte:
„Ach, wenn sie mich nur akzeptieren würden!"

Er sah einen Jungen
und sagte zu ihm:
„Komm mit, mein Sohn!"
Das war die Geschichte
des Tod, der kam,
um als Person
bei den Menschen zu wohnen.

Sag' mal

Gibt's hier was zu lernen?
Gibt's hier noch was zu sehen?
Ich greif' schon nach den Sternen
und warte drauf, zu gehen.

Wenn ich sterbe

Sollen sie mich verbrennen
Eine Urne zur Meiningen ernennen

Und anstatt Blumen Bücher
auf die Urne schmeißen

Weltlich - der Rest ist mir egal
Auch wie sie heißen

Denn Bücher bringen mir viel mehr
Zum Lesen während ich rückkehr'

Ich bin tot

Ich bin innerlich tot
Und das schon ziemlich lange
Beim Gedanken dran lang zu leben
Wird mir ganz schön bange

Vielleicht werd' ich
In meinem nächsten Leben
Noch ein bisschen mehr Gas geben
Bis ich beim Geistigen bleiben kann
Vielleicht hält mein nächstes Leben
Auch ein klein wenig länger an

Begräbnis

Die Glocken lauten laut.
Keiner, der sich trauern traut.
Der Pfarrer, der zu viel quasselt.
Erde, die auf meinen Sarg prasselt.
Mein Körper ist schon ganz hart.
Vor Totenflecken nicht bewahrt.
Die Stimmung fahl.
Der Grabstein kahl.
Neben mir Franz Anno Dazumal.
Jetzt spielen sie den Trauermarsch.
Die Blumen neben mir am Arsch.
Irgendjemand spielt Klavier.
Es ist ziemlich stickig hier!

Als ich kurz tot war

Seitdem ich weiß,
wie es sich anfühlt
tot zu sein
kann ich vielleicht
ein bisschen mehr
leben.

Nach meinem Tod

Alle Leute kontaktiert.
Es stellt sich raus:
Ich hab' mich oft blamiert.
Schlachtet meine Sachen aus;
Will all meine Briefe lesen.
Schmeißt meine Bücher weg,
als wär' ich niemals da gewesen.

Amira

Da war einmal ein Mädchen;
Ihr Leben war Recht hart;
Deswegen war es so,
dass sie mit acht Jahren
schon verstarb.
Sie fand sich gut zurecht;
Das Geistige tat ihr nicht schlecht;
Bis ihre Mutter einen Fehltritt wagte
und ein Medium nach der Tochter fragte.
Amira war so sehr empört;
Ihr Seelenfrieden war gestört;
So kam es, dass sie kapitulierte
und nochmal als Frosch inkarnierte.
Die Moral von der Geschicht'?
Mit toten Mädchen spricht man nicht.
Und die Mutter?
Sie ging zum Anwalt und fragte;
So kam es, dass man das Medium
wegen Störung der Totenruhe verklagte.

Seelenreich

Unsre Welt ist dicht
und wir sind Dichter;
Wir lachen uns tot
über tausend Gesichter;
Gehst Du zu auf große Lichter
dämmert Dir Dein Riesenrichter;
Die Reflexion hat mich verführt;
von Schattenmenschen aufgespürt;
Eines kann man vorweg schon sagen:
Hast Du Blut geleckt, willst Du mehr haben.

Stoff und Geist

Ich bin nicht mehr an Stoff gebunden.
Hab' die Materie endlich überwunden!
Ich bin jetzt ein Geist, der über ihm schwebt
und der grinst, wenn er sich abends hinlegt.
Ich bin der Geist, den er so leicht vergisst,
doch ich sage Dir, dass Du nie alleine bist.

Tot sein

Ich sehe euch zu,
ohne etwas zu sagen
mit all den anderen,
die abgegeben haben.

Die Seele

Wenn sie in der Nase bohren
hab' ich den Glauben schon verloren.
Sie sind eklig und machen keinen Sinn.
Sie vergessen, dass ich Zuschauer bin.
Und diese Mythen erst!
Nein, ich bleibe hier vorerst.
Ich werd' hier nur zum Sehen gezwungen;
Hab' zum Glück Materie überwunden.

Die geistige Welt

Die geistige Welt
hat's gut mit mir gemeint;
Mein Weg scheint klar
und die Sonne scheint;
Doch ehe ich Sinn Verstand
regte sich mein Widerstand.

Die Erfindung des Menschen

Am Anfang war der Geist,
doch sie wussten nicht,
was Liebe heißt.
Der Geist wurde zur Vernunft;
Es war lächerlich
auf Suche nach Auskunft.
Prosit und der Verstand war Schutt;
Ein Konjunktiv ging heut' kaputt.

Schwesterherz

Ich hätt' gerne jemanden bei mir gehabt
Gestern hab' ich mich ertappt
wie ich mich nach einer Schwester sehne
damit ich es hier kurz erwähne
In meinen Träumen wird der Wunsch wahr
Blutsverwandt und richtig nah

Wenn aber

Ich schenk' der Welt das, was ich habe.
Was man mir gibt, ist was ich trage.

Doch was ist, wenn sie keine Masken tragen?
Und wenn sie schlimme Sachen sagen?

Wenn es doch nicht so schön ist,
weil Du eben nicht bei mir bist?

Oben

Du gibst mir das Gefühl
schon viel zu lange
nicht oben gewesen zu sein.

Du weißt genau

Du weißt genau, von was ich rede
Welcher Gedanke mir vorschwebe

Doch sie hatte nicht geahnt,
dass die Seelenwelt sie nur ermahnt

Anhimmeln

Ich wünschte ich könnte hier noch ewig stehen
und mir den Himmel mit den Sternen ansehen.
Aber leider bin ich müde und Du bist auch nicht da.
Doch: Die Antwort auf die Frage war noch nie so klar

Und ich wage noch einen letzten Blick hinauf
und merke, wie ich Dich spüre
und Du spürst mich auch.

Des Weltalls Natur

Annalein, nur du allein
kannst schuld
an deinem Selbstmord sein.
Sie erzählen Geschichten
über des Weltalls Natur;
Vielleicht warst du naiv,
aber eigentlich nur stur;
Und wenn du meinst,
du wüsstest,
was dort geschrieben steht,
wirst du sehen,
dass die Reise woanders hingeht.

Ich will müde sein

Ich bin nicht müde.
Ich schlaf' nicht ein.
Doch es ist tiefe Nacht
Und ich will müde sein.

Nur schlafen

Sie wollte doch nur schlafen
Es war ja schon so spät
Und sie hat gesehen
Wie links das Licht ausgeht

Drei hatte sie genommen
Und war nur leicht benommen
Sie dachte nach auf weite Sicht
Nur schlafen konnte sie nicht

So war es, dass Verzweiflung kam
Und sie nochmal eine nahm
Bloß hatte es keinen Zweck
Denn sie war immer noch nicht weg

Und so nahm sie nochmal eine
Angst hatte sie dennoch keine

Bis zum Morgen hat sie es nicht geschafft
Und ist im Krankenhaus dann aufgewacht

Drei Tage im Koma war sie gelegen
Und ihr Gehirn hatte Schäden.

Schwerkrank

Ich bin krank. Ich hab' Mensch.

Nachwerfen

Egal ob Tavor, Trazodon oder co.:
Granny Anna findet immer irgendwo,
weil sie, wenn sie nicht schlafen kann,
um eins wieder aufsteht
und auf Suche nach etwas
zum Nachwerfen geht;

Zum Schmeißen ist es nie zu spät;
Heute war es Insidon
und sediert war sie
nach drei Minuten schon;

Schön mit etwas Wasser trinken,
bis wieder nette Dinge winken;

Trotz Obst und einer Aubergine
wird sie zur Tablettenfressmaschine;
Manchmal reicht auch Promethazin
und schon ist Anna etwas dahin;

Tags drauf könnt' sie sonst nicht stehen;
Geschweige denn zur Uni gehen
und um sich nächste Nächte zu retten,
geht sie heut' wieder zum Arzt betteln.

Mein Körper und ich

Mein Körper funktioniert nicht mehr.
Aufsteh'n kann ich nicht.
Selbst das Liegen fällt mir schwer.
Komm' fast nicht raus ans Tageslicht.
Die Vergangenheit fehlt mir sehr.

Weitsicht

Anna, die mit großer Weitsicht spricht
sagt: „Ich weiß; heut' Nacht schlaf' ich nicht."

Die Hoffnung

Vielleicht fängst Du mit Yoga an.
Sicher kannst Du schlafen dann.

Schätzchen, das wird nicht mehr.
Warum fällt Dir das so schwer?

Du musst positiv denken, mein Kind.

Und was ist, wenn ich das unmöglich find'?

Einschlafen

Nachts um halb zwei
Ein Ding fährt vorbei
Es hat vier Räder
Vielleicht auch nur zwei
Ich höre Schuhe
Und sehe ein Licht
Die Krankenschwester
Auf zur Schicht
In meinem Kopf ein kleiner Sturz
Der Straßenköter bellt nur kurz
Ein kleines Stolpern
Doch kann nicht fallen
Bis sie morgen wieder
Fäuste ballen.

Die Schlaftablette

Ein Vöglein schoss empor
und flüsterte mir ins Ohr:
Mein Kind, leg' Dich wieder rein!
Dies wird Deine letzte sein.

Traumlos

Manchmal zieht die Nacht vorüber
Spurlos, doch ich stehe drüber
Leere Seiten all die Tage
Weil ich nichts zum Schreiben habe
Mal unbefriedigt depressiv
Etwas lief im Leben schief
Die REM-Phase unterdrückt
Viel zu viel vom Stoff gezückt
Zu realistisch; so gar nicht euphemistisch
Wie die Wege, die ich sehe
Und die Frauen, die nur schauen
Auf einmal bin ich wach
In meinem Kopf kriecht das Grauen
Der Fernseher kriecht langsam empor
Ich selbst komme gar nicht vor
Und während ich so langsam gleite
Wir mir klar, wie ich durchs Leben schreite

Der Schaden

Raten Sie, wer literweise Schweiß verliert
und wer schon wieder nicht menstruiert

Das Leid der Anderen

Es war einmal ein Cortison,
das bei Anna im Schrank lag
und die Zeit war gekommen
da nahm sie's jeden Tag!
Auf eine Warnung des Arztes
hörte die kluge Anna nicht;
So war es wenig verwunderlich:
Es hielt wach unweigerlich!

Und so kam es, dass Anna
nachts um halb zwei
bei der Nachbarin Martha klopfte,
die sich den letzten Joint für heut' stopfte.

Mit einer Maske und Bier in der Hand
war es so, dass Anna vor ihrer Tür stand
und fragte: „Sag' mal, hast du noch
was Dämpfendes im Schrank?!"

Cortison

Heute Nacht
ist Granny Anna
wieder aufgewacht
und sie sah sich an
und hat sich gedacht:
„Cortison soll ich nehmen!
Es könnte taugen.
Es fällt uns gar
wie Schuppen von den Augen!"
Und so kam es, dass Granny
ihren Hausarztfreund rief
und sagte:
„Cortison her oder sonst läuft's schief!"
Er sagte noch: „Es ist mir zwar nicht lieb..."
Aber Sie schaffte es,
dass er es verschrieb
und so manch Nebenwirkung verschwieg.